SUPERFACTS
»ERDE

Die unglaublichsten
Top-10-Rekorde

arsEdition

Inhalt !!!

Ungünstige Lage

Mexiko–Stadt (Mexiko) liegt in einem Talkessel, umgeben von Bergen und einem aktiven Vulkan. Das Stadtgebiet, in dem 20 116 842 Menschen leben, ist stark erdbebengefährdet. Im September 1985 erschütterte ein Beben der Stärke 8,1 die Region. Über 10 000 Menschen starben und 95 000 Wohnungen wurden zerstört.

1. **Shanghai** China

2. **Peking** China

3. **Mexiko-Stadt** Mexiko

4. **Istanbul** Türkei

5. **Karatschi** Pakistan

6. **Mumbai** Indien

7. **Moskau** Russland

8. **Guangzhou** China

9. **São Paulo** Brasilien

10. **Delhi** Indien

Megastau

Im Berufsverkehr werden bis zu 220 km Stau gemessen und im Durchschnitt bewegt man sich mit 17 km/h vorwärts, deshalb fliegen in São Paulo (Brasilien) extrem viele Hubschrauber-Taxis: ca. 420!

REICHSTE Städte

Smog pur!

Delhi (Indien) ist die Stadt mit der dreckigsten Luft. Ein Tag in der Megacity entspricht dem Rauchen einer Schachtel Zigaretten.

10.

2.

Verbotene Stadt

Ca. 20 690 000 Menschen ballen sich im Raum Peking (China) zusammen. Zur Stadt dazu gehört die sogenannte Verbotene Stadt, umgeben von einer Mauer. Nicht betreten konnte man diesen Teil Pekings, bis der letzte Kaiser abgesetzt wurde. Heute steht die Verbotene Stadt allen offen. Glaubt man einer Legende, dann gibt es dort 9999½ Räume.

Die Gefährliche

Karatschi (Pakistan) ist ein Moloch und gilt als eine der gefährlichsten Städte der Welt! Mehrere Tausend Menschen werden dort pro Jahr ermordet und statistisch stirbt ein Polizist am Tag. Karatschi war immer ein Schmelztiegel, ein Ort, an dem verschiedene Religionen und Kulturen zusammenlebten.

5.

Megastädte

2007 war das erste Jahr, in dem weltweit mehr Menschen in Städten als auf dem Land lebten. Städte sind attraktiv, sie sind Zentren der Produktivität. Deshalb ziehen sie die ärmere Landbevölkerung an. Die Größe bringt allerdings auch Probleme mit sich: Die Wasser- und Abwasserversorgung ist schwierig, Umweltverschmutzung, riesige Staus, Entsorgung gigantischer Abfallmengen, Kriminalität, Wohnungsnot ...

Die GRÖSSTEN

Megadick

Der Jostedalsbreen ist der größte europäische Festlandsgletscher. An einigen Stellen ist seine Eisschicht bis zu 500 Meter dick. In den 1970-Jahren stürzte ein Kleinflugzeug über dem Gletscher ab, das nicht geborgen werden konnte. Irgendwann wird es von einem seiner 28 Auslassgletscher wieder »ausgespuckt« werden.

2.

1. **Lambertgletscher** Antarktika
2. **Jostedalsbreen** Norwegen
3. **Campo de Hielo Sur** Südamerika
4. **Bezengi** Russland
5. **Vatnajökull** Island
6. **Malaspinagletscher** Alaska
7. **Aletschgletscher** Schweiz
8. **Quelccaya** Peru
9. **Pasterze** Österreich
10. **Schneeferner** Deutschland

Mächtiger Eisstrom

Der Aletschgletscher ist mit seinen unglaublichen 27 Milliarden Tonnen Eis der größte Alpengletscher.

7.

Gletscher

5. Berühmte Höhlen

Der Vatnajökull ist berühmt für seine tief-
blauen Eishöhlen, die jährlich viele Touristen
anziehen. Die Höhlen liegen in den Gletscher-
zungen. Bezieht man das Polargebiet nicht
mit ein, dann ist der Vatnajökull die größte
Eismasse in Europa. Sein Eis bedeckt etwas
mehr als 8 Prozent der Fläche Islands.

Deutschlands Größter

Der Schneeferner liegt unterhalb
der Zugspitze, Deutschlands höchstem
Berg. Aufgrund der Klimaerwärmung
schmilzt er seit Jahren. Im Sommer
wird er mit riesigen Plastikpla-
nen abgedeckt, um ihn zu schützen.
Experten gehen davon aus, dass er
sonst innerhalb der nächsten 15 Jahre verschwindet.

10.

9. Spannender Fund

Im Sommer 2015 hat die Pasterze eine
Zirbelkiefer freigegeben. Nachdem sie
von Experten untersucht wurde, stand
fest: Der Baum ist über 6000 Jahre alt!

Gletscher

Die riesigen Eismassen der Gletscher speichern 70 Prozent
der Süßwasserreserven unserer Erde. Der Klimawandel sorgt
allerdings dafür, dass immer größere Teile der Gletscher
abschmelzen. Glaziologen sagen voraus, dass die Gletscher
in den Alpen noch innerhalb dieses Jahrhunderts komplett
verschwunden sind. Über 2000 Gletscher im Osthimalaja gibt es schon nicht mehr.

Die GRÖSSTEN

Geheimnisvoller Steinkreis

1.

Stonehenge ist nicht nur sehr berühmt, sondern auch sehr geheimnisumwittert. Wissenschaftler glauben, dass Stonehenge vor ungefähr 4000 Jahren eine religiöse Stätte gewesen ist. Man weiß nicht genau, wie die bis zu 25 Tonnen schweren Steinkolosse an ihren Platz kamen und ob anhand der Steine die Winter- und Sommersonnenwende vorausgesagt werden konnte.

1. Stonehenge
2. Bermuda-Dreieck
3. Qutb-Komplex
4. Tor zur Welt der Götter
5. Sphinx von Gizeh
6. Rongorongo
7. Pyramiden von Gizeh
8. Voynich-Manuskript
9. Erdstallanlage Großkrut
10. Himmelsscheibe von Nebra

Rostet nicht!

3.

In Delhi, im Innenhof der Quwwat-ul-Islam-Moschee, steht eine eiserne Säule. Sie ist über 1500 Jahre alt und rostet nicht! Immer wieder wird die Säule metallurgisch untersucht. Genau kann man sich bisher noch nicht erklären, warum sie keinen Rost ansetzt.

Wunder

Sternentor

Das »Tor zur Welt der Götter« wurde 1996 entdeckt. Es liegt in den Hayu-Marca-Bergen im Süden Perus. Laut Überlieferung diente das Tor Menschen und Göttern als Durchtritt in eine andere Welt. Es wurde vor Tausenden von Jahren in die Felsformation geschnitten, fast so exakt wie mit einem Laser.

4.

Meisterleistung

Viele Theorien und Spekulationen ranken sich um den Bau der Pyramiden. Eine davon beschäftigt sich mit der Ausrichtung der vier Seiten der Pyramiden nach den vier Himmelsrichtungen. Ob dies aus astronomischen Überlegungen heraus geschah, ist bis heute umstritten.

7.

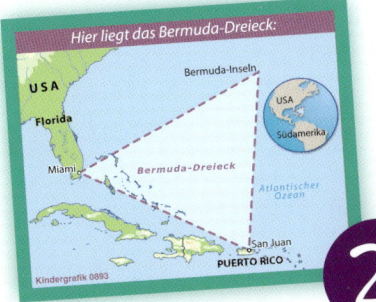

Hier liegt das Bermuda-Dreieck:

Spurlos verschwunden

Im Jahr 1945 überfliegt eine amerikanische Fliegerstaffel das Bermuda-Dreieck und verschwindet spurlos. Das ist noch nicht alles: Eines der nachfliegenden Suchflugzeuge taucht auch nie wieder auf. Damit war der Mythos »Bermuda-Dreieck« geboren. Heute weiß man allerdings, dass es in der Region zu keiner statistischen Häufung von Unfällen kommt.

2.

Wunder?

Was ist ein großes Wunder und was nicht? Das ist nicht klar festgelegt und hat z. B. bei der Wahl der neuen sieben Weltwunder zu großen Streitereien geführt, so haben es die rätselhaften Steinstatuen der Osterinseln nicht in die Liste geschafft.

An die NATUR

5.

Nie eröffnet!

Am 1. Mai 1986 sollte der Vergnügungspark von Pripyat eröffnet werden. Dazu kam es nie. Am 26. April explodierte nur wenige Kilometer entfernt der Kernreaktor von Tschernobyl. Um die Menschen ein wenig abzulenken, öffnete man den Park am 27. April für ein paar Stunden, doch noch am selben Tag wurde der komplette Ort geräumt.

3.

1. **New World Mall** Thailand

2. **Ta Prohm** Kambodscha

3. **Kolmanskop** Namibia

4. **Mühlental von Sorrent** Italien

5. **Pripyat** Ukraine

6. **Olympia-Bobbahn** Bosnien und Herzegowina

7. **Spreepark** Deutschland

8. **SS Ayrfield** Australien

9. **Six Flags** USA

10. **River Side Hospital** USA

Diamantenfieber

Kolmanskop im heutigen Namibia war einmal die reichste Stadt Afrikas. 1908 wurden dort die ersten Diamanten gefunden, was dem Ort einen rasanten Aufstieg, eine Eisfabrik, ein Schwimmbad und ein Krankenhaus bescherte. In den 1960er-Jahren verließ der letzte Bewohner den Ort, der heute ganz dem Wüstensand gehört.

verloren

6.

Olympische Ruinen

1984 fanden die Olympischen Spiele in Sarajevo statt. 1992 begann der Bosnien-Krieg und damit auch der Verfall der Olympiaanlagen. Die Bobbahn liegt auf dem Berg Trebević – Teile der Berghänge sind immer noch vermint.

Wrackinsel

Ein schwimmender Mangrovenwald auf einem Schiffswrack. 1911 wurde die SS Ayrfield gebaut, seit 1972 liegt sie in der Homebush Bay in Sydney und verwandelt sich in eine kleine Insel.

8.

2.

Würgefeige

Die Tempelanlage Ta Prohm in Kambodscha wurde im 12. und 13. Jahrhundert errichtet. Überwuchert werden die Steintempel von der Würgefeige, die deshalb so heißt, weil sie ihren Wirtsbaum schleichend »erwürgt«.

Lost Places

Vergessene Orte, Gebäude, die nie oder nicht mehr gebraucht werden, bezeichnet man als »Lost Places«. Diese Orte sind immer ein bisschen unheimlich, erzählen aber ganz viel über die Geschichte der Menschen, die sie genutzt haben.

WELTKULTURERBE

2.

Lebendige Geschichte

Deutschlandweit ist Regensburg die am besten erhaltene mittelalterliche Großstadt. Die Altstadt befindet sich bis heute in den Grenzen der Stadterweiterung von 1320.

1. Kölner Dom
2. Altstadt Regensburg
3. Wartburg
4. Grube Messel
5. Zeche Zollverein, Essen
6. Museumsinsel Berlin
7. Hafen Wismar
8. Alte Buchenwälder
9. Wallfahrtskirche »Die Wies«
10. Insel Reichenau

8.

Alter Wald

Alte, große, zusammenhängende Buchenwälder sind sehr selten und bedürfen unbedingt des Schutzes. Jeder Wald wird von der umgebenden Landschaft, von den Böden und von den Tieren, die ihn bewohnen, geprägt. Keiner gleicht dem anderen.

Deutschland

Einsame Kirche

Besucht man die Wieskirche, die eigentlich »Wall-fahrtskirche zum Gegeißelten Heiland auf der Wies« heißt, ist man erstaunt: Da steht eine reich geschmück-te Rokokokirche mitten auf der grünen Wiese. 1746 wurde ihr Grundstein gelegt. Erbaut wurde sie von Dominikus Zimmermann, der den Rest seines Lebens ganz nah bei der Kirche wohnte.

9.

Ewige Baustelle

Seit etwa 800 gab es an dem Ort, an dem der Kölner Dom heute steht, Kirchen. 1248 begann man mit dem Bau des gotischen Doms. Wie jede Kirche dieses Ausmaßes ist auch der Kölner Dom seit seiner Entstehungs-zeit eine Baustelle. Bis heute wird seine Substanz immer wieder saniert und ergänzt – es nimmt kein Ende!

1.

5.

Kohleabbau

Als die Zeche Zollverein noch in Betrieb war, galt sie weltweit als die größte und modernste Förderanlage für Steinkohle. Bedeutend ist bis heute ihre Architektur: Das Gebäude, das aus Stahlfachwerk errichtet wurde, ist stark von der Bauhausbewegung beeinflusst. Entworfen haben das Industriedenkmal Fritz Schupp und Martin Kremmer.

Weltkulturerbe

Als Weltkulturerbe werden besondere Zeugnisse der Menschheits- und der Naturgeschichte ausgezeichnet. In Deutschland gibt es 41 solcher Stätten ganz unterschiedlicher Art: Landschaften, In-dustriedenkmäler, Kirchen – Orte an denen man hautnah Geschichte erleben kann.

Die GRÖSSTEN

4.

Damm der Riesen

Der Giant's Causeway in Nord-irland besteht aus über 40 000 Basaltsäulen, die alle miteinander verbunden sind. Sie sind 60 Millionen Jahre alt und sind nach einem Vulkanausbruch entstanden.

1. **Naica-Höhle** Mexiko
2. **Salar de Uyuni** Bolivien
3. **Wandernde Felsen** USA
4. **Giant's Causeway** Nordirland
5. **Quallensee** Palau
6. **Great Blue Hole** Belize
7. **Steinerner Wald** China
8. **Pink Lake** Australien
9. **Dallol** Äthiopien
10. **Dead Vlei** Namibia

5.

30 Millionen Quallen

Ongeim'l Tketau heißt der Quallensee, der ein Salzsee ist und vor rund 15 000 Jahren entstand. In dem See, der nur 300 Meter breit und 30 Meter tief ist, leben 30 Millionen Quallen. Die Art heißt Mastigias und ist einzigartig auf der Welt. Übrigens macht das Gift dieser Qualle Menschen so gut wie gar nichts aus. Man kann bedenkenlos seinen Arm in den See hängen.

Naturwunder

10.

Totes Holz

Das Dead Vlei ist eine Senke, die von roten Dünen umschlossen ist. Der Tonboden des Dead Vlei ist weiß. Daraus ragen abgestorbene Bäume hervor, die wie schwarze Schatten aussehen. Die Bäume verrotten aufgrund der Trockenheit nicht.

8.

Rosafarben

Es ist nicht genau geklärt, warum der See, der auf einer kleinen Insel vor der Küste Australiens liegt, pink ist. Wissenschaftler meinen, dass sich Bakterien in der Salzkruste angesiedelt haben, die diesen Effekt auslösen.

2.

Über Wasser gehen

Der Salar de Uyuni ist ein riesiger Salzsee. Während der Regenzeit kommt es vor, dass die Salzkruste mit einigen Zentimetern Wasser bedeckt ist. Man kann den See dann immer noch mit Autos befahren oder darüber laufen. Das sieht dann so aus, als ob man über das Wasser gehen kann.

Wunder der Natur

Die Erdoberfläche ist ständig Naturgewalten wie Wind und Wasser ausgesetzt. Und unter der dünnen Erdkruste brodelt es. Über Jahrmillionen hat das zu einzigartigen und ganz besonderen Landschaften geführt, die unterschiedlicher nicht sein könnten.

Die TIEFSTEN

1.

Die Perle Sibiriens

Der Baikalsee hat die Form einer Mondsichel. 1642 Meter ist er tief und er ist der größte Süßwassersee der Erde. Fast 330 Flüsse münden in diesen See. Sein Alter wird auf 25 Millionen Jahre geschätzt – ein See mit vielen Rekorden.

1. **Baikalsee** Russland
2. **Tanganjikasee** Afrika
3. **Wostoksee** Antarktis
4. **Kaspisches Meer** Osteuropa-Westasien
5. **San Martinsee** Südamerika
6. **Malawisee** Ostafrika
7. **Yssykköl** Kirgisistan
8. **Großer Sklavensee** Kanada
9. **Crater Lake** USA
10. **Matanosee** Indonesien

2.

Längster See

Mit 1470 Metern ist der Tanganjikasee der zweittiefste See. Den ersten Platz hält das Gewässer aber, was seine Länge anbelangt, mit 673 Kilometern.

Seen

Dicke Eisschicht

Bis zu acht Monate im Jahr ist der Große Sklavensee mit Eis bedeckt. Das Eis gefriert zu
einer so dicken Schicht, dass ein Laster pro-
blemlos darüberfahren kann. Benannt wurde er
nach seinem Hauptzufluss, dem Slave River. Seine
Tiefe beträgt immerhin 614 Meter.

8.

4.

Kein Abfluss

Das Kaspische Meer ist der
größte See auf der Erde, der
keinen Abfluss hat. Sein Hauptzufluss ist die Wolga, insgesamt
münden mehr als 130 Flüsse in
diesen riesigen See. Seine ma-
ximale Tiefe beläuft sich
auf 1025 Meter.

9.

Kratersee

Der Crater Lake ist im Krater des Vulkans
Mount Mazama entstanden. Er ist 594 Meter
tief. Das Besondere an ihm ist aber seine
Farbe: ein tiefes Dunkelblau. Er füllt sich
mit Regenwasser und durch die Schneeschmel-
ze, natürliche Zu- und Abflüsse hat er nicht.

Ökosystem See

Im Unterschied zu Flüssen und Bächen ist ein See ein
sogenanntes Stillgewässer. Lebewesen und Lebensraum
sind in einem so eingegrenzten Bereich wie einem See
ganz eng miteinander verwoben. Mehrere Milliarden
Organismen leben darin.

Die LÄNGSTEN

6.

1. Nil Afrika
2. Amazonas Südamerika
3. Jangtsekiang China
4. Gelber Fluss China
5. Mekong Asien
6. Kongo Afrika
7. Mississippi USA
8. Ob Russland
9. Jenissei Russland
10. Amur China-Russland

Der Tiefste

Der Kongo ist der zweitlängste Fluss Afrikas, aber er hält den absoluten Rekord, wenn es um die Tiefe geht: 220 Meter. An seiner Mündung fließen pro Sekunde 40 Millionen Liter Süßwasser in den Atlantik.

7.

Transportweg

Über den Mississippi werden 40 Prozent der Fläche der USA bewässert. Der riesige Fluss durchquert acht Bundesstaaten. Er bildet die Grenze zwischen Wisconsin und Iowa. Der 3778 Kilometer lange Mississippi ist immer noch ein wichtiger Transportweg.

Flüsse

Lebens-spender

Der Nil mit seinen 6852 Kilometern Länge ist mehr als nur ein Fluss. Auf über 1000 Kilome-
ter schafft er in der Wüste eine Oase und die Lebensgrundlage für viele Menschen. Ohne den Nil wäre das alte Ägypten wahrscheinlich keine Hochkultur geworden. Der Nil entspringt in Ru-anda und Burundi, er hat also zwei Quellen.

Wechselnde Fließrichtung

Die Chinesen nennen den 4350 Kilometer langen Mekong auch die »Mutter des Wassers«. Während der Regenzeit hat er eine einzigar-tige Besonderheit: Seine Fließ-richtung ändert sich an einem Nebenarm und der Mekong drückt sein Wasser in den Tonle-Sap-Fluss hinein.

Außergewöhnliche Bewohner

Im 6448 Kilometer langen Amazonas gibt es den berühmten Amazonas-Delfin. Die typi-sche rosa Färbung nimmt er erst im Alter an. Wenn während der Regenzeit auch Teile des Waldes überflutet sind, schwimmen die Delfine dort an Baumstämmen vorbei. Sie sind beweglicher als ihre Verwandten im Meer.

Der Fluss

Als »Fluss« bezeichnet man umgangssprachlich alle Gewässer an der Erdoberfläche, die fließen. Je nach Grö-ße kann man sie aber unterscheiden in Rinnsale, Bäche, Flüsse und Ströme. Die Benennung hängt von ihrer Länge, Breite, der Fließgeschwindigkeit und der Wassermenge ab.

Die HÖCHSTEN

1.

Der Beliebteste

8848 Meter ist er hoch, der Mount Everest. Obwohl der Aufstieg größte Strapazen mit sich bringt, wollen Bergsteiger aus aller Welt genau diesen höchsten Gipfel erklimmen. Das führt zu gefährlichen Staus beim Aufstieg, da viele Bergunerfahrene unter ihnen sind. Einfach »überholen« kann man bei den schwierigen Aufstiegsrouten nicht.

1. Mount Everest
2. K2
3. Kangchendzönga
4. Lhotse
5. Makalu
6. Cho Oyu
7. Dhaulagiri
8. Manaslu
9. Nanga Parbat
10. Annapurna I

4.

Südspitze

Übersetzt bedeutet »Lhotse« Südspitze. Der 8516 Meter hohe Lhotse ist nur durch einen Grat vom Mount Everest getrennt, sodass man ihn auch für die Südspitze des »großen Bruders« Everest halten könnte. 1986 bestieg ihn Reinhold Messner und war damit der erste Mensch, der auf allen 14 Achttausendern war.

Berge

Seltsamer Name

Der Name K2 ist eigenartig für einen 8611 Meter hohen, gewaltigen Berg. Er stammt von
dem britischen Vermessungsingenieur
T.G. Montgomerie, der 1856 die Gipfel
des Karakorum vermaß, um das Gebiet zu
kartieren. Die Gipfel nummerierte er
der Einfachheit halber durch:
K steht für Karakorum und die
2 für den zweiten Gipfel.

2.

König der Berge

Der 8125 Meter hohe Nanga Parbat
wird auch Diamir genannt, was »Kö-
nig der Berge« bedeutet. Die Be-
steigung dieses Berges gilt als die
anspruchsvollste überhaupt. Mit 4500
Metern hat der imposante Berg auch
die höchste Gebirgswand der Erde,
die Rupal-Flanke.

9.

Der Gefährlichste

10.

Der 8091 Meter hohe Annapurna I gilt als einer
der gefährlichsten Berge: Die Lawinengefahr
an diesem Berg ist extrem hoch. Auf zwei Bergsteiger, die ihn erfolgreich bezwingen, kommt ein
tödlich verunglückter.

Entstehungsgeschichte

Der Himalaja, das höchste und jüngste Gebirge der Erde, entstand durch einen Aufprall zweier Erdplatten mit hoher
Geschwindigkeit. Indien stieß vor 50 Millionen Jahren mit
der Eurasischen Platte zusammen. Die Kräfte waren so
enorm, dass sich das Gebirge auffaltete.

Die KLEINSTEN

1.

Der Stadtstaat

Die Vatikanstadt ist seit 1929 als Staat anerkannt. Er ist mit 0,44 Quadratkilometern nicht nur flächenmäßig der kleinste Staat, er hat auch die geringste Einwohnerzahl: von den 750 Bewohnern haben nur ca. 450 die vatikanische Staatsbürgerschaft.

1. Vatikanstadt
2. Monaco
3. Nauru
4. Tuvalu
5. San Marino
6. Liechtenstein
7. Marshallinseln
8. St. Kitts und Nevis
9. Malediven
10. Malta

2.

Stadtstaat am Meer

Auch Monaco ist ein Stadtstaat, der sich in neun Stadtbezirke gliedert, obwohl seine Ausdehnung nicht sehr groß ist: In Ost-West-Richtung misst er ca. 3000 Meter und in Nord-Süd-Richtung 300 bis 1000 Meter. Auf diesem Fleckchen Erde leben 37 800 Einwohner.

Staaten

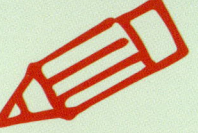

8.

Karibikinseln

Die beiden Inseln St. Kitts und Nevis wurden 1493 von Christoph Kolumbus entdeckt. Ein drei Kilometer breiter Kanal trennt sie voneinander. Die Inseln liegen in der Karibik.

6.

Fürstentum

Liechtenstein ist wie Monaco ein Fürstentum. Würde man einmal um die Grenzen des viertkleinsten europäischen Staates laufen, dann müsste man 76 Kilometer zurücklegen. Vaduz ist der Hauptort, insgesamt gibt es elf Gemeinden.

9.

Urlaubsparadies

Die Malediven sind ein Urlauber- und Taucherparadies. Doch das Paradies ist vom Klimawandel bedroht: Der Wasserpegel in den Weltmeeren steigt. Das ist für eine Inselgruppe, deren höchste Erhebung 2,4 Meter misst, eine Katastrophe. Steigt der Pegel um einen Meter, verschwinden ganze 80 Prozent des Landes.

Keineswegs unbedeutend!

Die Kleinheit der Staaten sagt nichts über ihre wirtschaftliche Macht oder ihren politischen Einfluss aus: Der Vatikan zum Beispiel ist der kleinste unter den Staaten und hat doch enormen Einfluss, und Liechtenstein z. B. ist ein großer Wirtschaftsmotor. 50 Prozent der Beschäftigten sind keine Liechtensteiner.

Die BERÜHMTESTEN

Inkaruine

Machu Picchu bedeutet über-setzt »Alter Berg«. 1440 wurde die Stadt von dem Inkaherrscher Pachacútec Yupanqui in 2350 Metern Höhe gegründet. Etwa hundert Jahre später wurde sie aufgegeben und vom Urwald überwuchert. Erst 1911 entdeckte sie ein Engländer wieder.

2.

1. **Tempel von Angkor** Kambodscha

2. **Machu Picchu** Peru

3. **Chinesische Mauer** China

4. **Taj Mahal** Indien

5. **Kolosseum** Italien

6. **Alhambra** Spanien

7. **Hagia Sophia** Türkei

8. **Pyramiden** Ägypten

9. **Akropolis** Griechenland

10. **Tower Bridge** England

Mausoleum

Der Taj Mahal ist ein Grabmal: Der Großmogul Shah Jahan ließ es für seine geliebte Frau Arjumand Banu Begum, eine persische Prinzessin, bauen. Sie starb 1631 bei der Geburt ihres 14. Kindes. 20 000 Arbeiter waren nötig, um das wundervolle Bauwerk bis 1648 zu errichten.

4.

Bauwerke

Beeindruckende Bühnentechnik

79 n. Chr. wurde das Kolosseum fertiggestellt und schon damals galt es als herausragendes Bauwerk. 50 000 Zuschauern bot es Platz. Beeindruckend war auch die Bühnentechnik, die dank mechanischer Aufzüge und Falltüren ganze Bühnenbilder verschwinden lassen konnte.

5.

Größtes Bauwerk der Welt

Die Chinesische Mauer wurde über eine Strecke von 8850 Kilometern gebaut, um einfallende kriegerische Nomadenstämme abzuhalten. Sie ist das größte jemals von Menschen errichtete Bauwerk.

3.

Komplett verziert

Der Name Alhambra leitet sich vom arabischen »Al Hamra« ab, das »Rote Burg« bedeutet. Die Alhambra ist eine Befestigungsanlage. Im Inneren ist sie komplett verziert mit Schnitzereien, Mosaiken, Stuck und vielem mehr.

6.

Berühmte Klappbrücke

Sie ist sicherlich die berühmteste Klappbrücke der Welt und führt über die Themse. Obwohl das (Auto-)Verkehrsaufkommen der Brücke hoch ist, hat der Schiffsverkehr immer noch Vorrang: Für große Schiffe werden die beiden Mittelteile hochgeklappt.

10.

Die SKURRILSTEN

1.

Wie die Hölle

Dallol in Äthiopien sieht nicht nur aus, als ob es die Hölle wäre, die Gegend hat mit 34,4 °C auch die höchste Jahresdurchschnittstemperatur. Geformt wurde das Becken durch einen Vulkanausbruch. Die Region gehört bis heute zu den geologisch aktivsten auf der Welt.

Tiefblau

Vom umliegenden Wasser hebt sich das Loch durch sein tiefes Blau ab. Es ist 125 Meter tief und hat einen Durchmesser von 300 Metern. Bei Tauchern ist das Loch mit seinem unterirdischen Höhlensystem sehr beliebt.

5.

3.

Weißes Wunder

Kalkhaltige Thermalquellen haben mitten in der Landschaft die wunderschönen weißen Kalksteinterrassen von Pamukkale geschaffen. Das 35 °C warme Wasser läuft über eine Felskante, kühlt ab und der Kalk setzt sich in großen Mengen ab.

Landschaften

Stein-Welle

Warum diese Sandsteinformation »The Wave«, die Welle, heißt, ist klar: Sie sieht aus wie eine riesige aus Stein geformte Welle. Der Weg dorthin ist anstrengend, trotzdem wollen so viele Menschen das Naturwunder bestaunen, dass mittlerweile die Zugangserlaubnis verlost wird.

10.

7.

Bambuswald

Dieser Bambuswald ist so hoch und so dicht, dass man kaum den Himmel erkennen kann. Fährt der Wind hindurch, hört sich das vollkommen anders an als in den heimischen Wäldern. Er liegt in der Nähe von Kyoto.

6.

Mondlandschaft

Wie eine Mondlandschaft wirkt die Weiße Wüste. Über viele Millionen Jahre haben Sandstürme die Kalksteine zu Skulpturen geformt. Die Pharaonen fanden die Gegend so unwirtlich, dass sie die Verbannten dort hinschickten.

Atemberaubend

Viele Landschaften auf der Erde sehen so eigenartig aus, dass man meinen würde, sie sind nicht von dieser Welt. Entstanden sind diese einmaligen, meist atemberaubenden Landschaften oft durch Wind, Wasser oder andere Naturgewalten.

Die HÖCHSTEN

1.

Wasser statt Gold

Eigentlich war der Busch-flieger Jimmie Angel auf der Suche nach Gold, als er 1933 das Naturwunder entdeckte: einen gigantischen Wasser-fall, fast einen Kilometer hoch. Später beschrieb er ihn als »Kaskade, die aus dem Himmel stürzt«. Dieses mäch-tige Naturschauspiel hat ihn so beeindruckt, dass er bei-nahe die Kontrolle über sein Flugzeug verlor.

1. **Salto Ángel** Venezuela
2. **Tugela Falls** Südafrika
3. **Yumbilla** Peru
4. **Gocta** Peru
5. **Yosemite Falls** USA
6. **Mardalsfossen** Norwegen
7. **Cascade Blanche** La Réunion
8. **Langfossen** Norwegen
9. **Salto Kukenan** Venezuela
10. **Seerenbachfälle** Schweiz

4.

Mythenreich

Der Wasserfall von Gocta ist 771 Meter hoch. Laut einer Sage wird er von einer Sirene mit Schlange bewacht, damit sich ihm niemand nähert.

Wasserfälle

10.

Geheimnisvoll

Dort wo die Seerenbachfälle in die Tiefe stürzen, tritt auch die sogenannte
Rinquelle ans Tageslicht. Seit über 100 Jahren wird das Höhlensystem erforscht, aus dem das
Wasser hervortritt. Ca. 3000 Meter im Berginneren
zweigt ein Wasserkanal ab. Wohin er führt, weiß bis
heute niemand.

Manchmal Kein Wasser

Sie werden als die höchsten
Wasserfälle Nordamerikas ange-
sehen: In drei Kaskaden stürzt
das Wasser über 739 Meter in
die Tiefe. In schneearmen,
trockenen Jahren kann es allerdings passieren, dass sehr
wenig oder gar kein Wasser über
die Felsen stürzt.

5.

8.

Schönster Wasserfall

Über 612 Meter ergießt sich der Lang-
fossen malerisch in den Åkrafjorden.
Im Jahr 2006 wurde er zum schönsten
Wasserfall der Welt gewählt.

Faszination

Die Faszination eines Wasserfalls beruht auf der ungeheuren Kraft,
die durch die Wassermenge zutage tritt: Sie zeigt dem Menschen, wie
viel Energie in jedem kleinen Wassertropfen steckt. Ein Sinnbild
dafür, dass aus Kleinem immer Großes werden kann.

GEFÄHRLICHE

1.

Gefährlichster Vulkan Europas

Seit 1944 ist der Vesuv ruhig, nichts Ungewöhnliches: Seine vulkanische Tätigkeit lag oft jahrhundertelang brach, dann folgte ein heftiger Ausbruch. Für die Menschen im Großraum Neapel stellt nicht nur der Vesuv eine Bedrohung dar, sondern auch die Phlegräischen Felder, die ein Supervulkan sein könnten.

1. **Vesuv** Italien
2. **Uturuncu** Bolivien
3. **Yellowstone** USA
4. **Tambora** Indonesien
5. **Unzen** Japan
6. **Mont Pelée** Martinique
7. **Nevado del Ruiz** Kolumbien
8. **Krakatau** Indonesien
9. **Kilauea** Hawaii
10. **Afar-Senke** Äthiopien

2.

Zeitbombe

Der letzte Ausbruch des Uturuncu erfolgte vor ca. 300 000 Jahren. Im Moment wächst der Vulkan pro Jahr um ca. ein bis zwei Zentimeter in die Höhe. Das ist ein Hinweis darauf, dass sich unter ihm große Mengen Magma ansammeln. Der Uturuncu gilt als Supervulkan: Würde er explodieren, hätte das auf das weltweite Klima verheerende Auswirkungen.

Vulkane

Gewaltiger Ausbruch

Am 27. August 1883 wurde die Insel Krakatau durch einen gewaltigen Vulkanausbruch in die Luft gesprengt. Die Explosion war so laut, dass man sie auf einem Drittel der Erde hören konnte. Die heutige Insel ist das, was nach dem Ausbruch übrig blieb.

8.

Frankenstein

1815 brach der Vulkan Tambora auf der indonesischen Insel Sumbawa aus. Im folgenden Jahr veränderte sich weltweit das Klima – der Sommer fiel sozusagen aus. Aufgrund des fast dauerhaft schlechten Wetters musste Mary Shelley die Zeit überwiegend im Haus verbringen und nutzte diese, um an ihrem berühmtem Roman »Frankenstein« zu schreiben.

9.

Lavaströme

Der Kilauea auf Hawaii ist der Vulkan, der die meiste Energie abstrahlt. Dauernd fließt die 1000 °C heiße Lava über seine Hänge hinab. Könnte man die Wärme nutzen, dann wären damit alle privaten Haushalte auf Hawaii versorgt.

4.

Vulkanologe

Vulkanforscher nennt man auch Vulkanologen. Sie untersuchen, wie ein Vulkan entstanden ist, und überwachen aktive Vulkane: Anhand der Untersuchungen erhofft man sich, besser abschätzen zu können, wann ein Vulkan wieder ausbricht und wie heftig.

Die HEISSESTEN

1.

Höchste Temperatur

Dasht-e Lut, die »Wüste des Sandes«, liegt im Südosten des Iran. Satellitenmessungen haben ergeben, dass dort im Sommer Höchsttemperaturen von 70,7 °C herrschen. Selbst Bakterien ist das zu heiß, auch sie überleben dort nicht.

1. **Dasht-e Lut** Iran
2. **Outback** Australien
3. **Dallol** Äthiopien
4. **Al Aziziyah** Libyen
5. **Death Valley** USA
6. **Rub al-Khali** Oman/Jemen
7. **Kebili** Tunesien
8. **Timbuktu** Mali
9. **Phalodi** Indien
10. **Tian-Shan-Gebirge** China

5.

Nordamerikanischer Rekordhalter

Das Death Valley hält einige Rekorde in Nordamerika: Es ist die heißeste, die trockenste und am tiefsten gelegene Region. 1913 wurde dort eine Temperatur von 56,7 °C gemessen.

Orte der Welt

Stadt aus Lehm

Aus Mangel an Steinen wurde in Timbuktu mit Lehm gebaut. Hier können Temperaturen von bis zu 54 °C herrschen. Trotzdem wurde dort im 14. Jahrhundert eine Universität gegründet, die 20 000 Studenten hatte.

8.

Sandsturm

Der höchste jemals direkt gemessene Temperaturwert, 57,8 °C, wurde am 13. September 1922 während eines Sandsturms in Al Aziziyah registriert.

4.

Unbewohnt

Das Outback Australiens ist so gut wie unbewohnt. Die NASA hat an einigen Stellen mit Satelliten Höchstwerte von 68 °C gemessen.

2.

Hitze

Der Mensch hat etwa 30 000 Wärmerezeptoren und 10-mal so viele Kältesensoren. Deshalb bemerkt er eine Überhitzung des Körpers oft zu spät. Temperaturen über 40 °C fordern den Körper bereits stark, bei Temperaturen über 60 °C kann ein Mensch nicht lange überleben.

Die KÄLTESTEN

1.

Neue Hauptstadt

Erst seit 1997 ist Astana die Hauptstadt von Kasachstan. Da das Land reich an Bodenschätzen und Erdöl ist, konnte man sich eine »neue« Hauptstadt leisten. Viele ultramoderne Bauten sind entstanden. Obwohl das Klima rau ist und die kälteste gemessene Temperatur bei −52 ˚C liegt, wächst die Bevölkerung stetig.

1. **Astana** Kasachstan

2. **Minsk** Weißrussland

3. **Helsinki** Finnland

4. **Ottawa** Kanada

5. **Vilnius** Litauen

6. **Tallinn** Estland

7. **Warschau** Polen

8. **Nuuk** Grönland

9. **Ulan Bator** Mongolei

10. **Bukarest** Rumänien

6.

Alte Stadt

Die Olaikirche mit ihrem spitzen Turm ist eines der Wahrzeichen von Tallinn. Bei seiner Erbauung 1549 war der Turm 159 Meter hoch und damit das höchste Gebäude der Welt. In der Stadt am Finnischen Meerbusen kann es bis zu −30 ˚C kalt werden.

Hauptstädte

Kleine Großstadt

8. Nuuk ist die nördlichste Hauptstadt. Sie liegt ca. 250 Kilometer südlich des nördlichen Polarkreises. Ihre Bewohner leben vom Tourismus sowie vom Fisch- und Krabbenfang. 16 500 Einwohner hat die Stadt. Für Grönland mit seinen nur rund 56 000 Einwohnern, ist Nuuk schon eine Großstadt. Bis zu −28 °C muss man im Winter dort aushalten.

Junge Stadt

Noch nicht einmal 200 Jahre ist Ottawa alt, das als Bytown von John By gegründet wurde. Allerdings war das Gebiet schon lange vor den Europäern von einem nordamerikanischen Indianerstamm besiedelt, den Algonquins. In der Gegend wird es bis zu −30 °C kalt.

4.

3. ### Weiße Nächte

Im Winter kann es in Helsinki bis zu −34 °C haben. Die sogenannten Weißen Nächte haben nichts mit schneereichen Nächten zu tun, sondern bedeuten, dass im Sommer die Sonne so gut wie nicht untergeht und es deswegen auch nachts hell ist.

Kälte

Natürlich können sich Menschen mit guter Bekleidung vor Kälte schützen. Gäbe es die nicht, dann wäre der menschliche Körper bei einer Temperatur von −50 °C innerhalb einer halben Stunde komplett durchgefroren. Erfrierungen z. B. an der Nase bekommt man bei dieser Temperatur innerhalb von Sekunden.

Die GIFTIGSTEN

1.

Schmeckt tödlich!

Die roten Kapselfrüchte des Wunderbaums sind sehr hübsch anzusehen, als Gartenpflanze ist er trotzdem nicht zu empfehlen: Seine Samen enthalten Rizin. Schon 0,25 Milligramm davon haben eine tödliche Wirkung. Besonders gemein: Die Samen schmecken gut!

1. Wunderbaum *Ricinus communis*

2. Schwarze Tollkirsche *Atropa belladonna*

3. Zerberusbaum *Cerbera odollam*

4. Paternostererbse *Abrus precatorius*

5. Eisenhut *Aconitum*

6. Wasserschierling *Cicuta virosa*

7. Oleander *Nerium oleander*

8. Manchinelbaum *Hippomane mancinella*

9. Engelstrompete *Brugmansia*

10. Weißfrüchtiges Christophs-kraut *Actaea pachypoda*

9.

Schönheit

Die Engelstrompete ist eine beliebte Kübelpflanze – und giftig. Schon der Duft ihrer Blüten kann zu Übelkeit und Brechreiz führen.

Pflanzen

Leicht zu verwechseln

Tollkirschen können leicht mit echten Kirschen verwechselt werden, allerdings haben sie keinen Kern sondern enthalten Samen. Außerdem hat die Tollkirsche einen kurzen, dicken Stiel und hängt nicht, wie die verzehrbaren Kirschen, an langen Stielen. Sie schmeckt ebenfalls süß. Die tödliche Dosis für Kinder sind drei bis fünf Beeren, für Erwachsene 10 bis 20.

Überall giftig!

Jedes Teil des Manchinelbaums ist giftig. Isst man seine Früchte, die wie Wildäpfel aussehen, dann ist das tödlich. Stellt man sich bei Regen unter den Baum, dann gibt er eine weißliche Flüssigkeit ab, die auf der Haut Blasen und Verbrennungen verursacht. Verbrennt man trockene Teile der Pflanze, sollte der Rauch nicht in die Augen gelangen: Das kann zum Erblinden führen.

Gartenliebling

Rosenlorbeer wird der Oleander auch genannt, weil er so schön blüht. Sein Gift, das Oleandrin, ist aber hochwirksam und kann zu Atemlähmungen und damit zum Tod führen. Der rote Oleander soll mehr davon anreichern als der weiße.

Gift

In der Medizin werden Gifte in kleinen Mengen eingesetzt. So dosiert können sie Schmerzen lindern oder haben eine heilende Wirkung. In der Natur kommen sie oft in tödlicher Dosis vor: Deshalb sollte man nie Teile von Pflanzen in den Mund nehmen.

Die GRÖSSTEN

3.

Temperaturschwankungen

Die Sahara ist die größte Trockenwüste. Ihre Fläche dehnt sich über elf afrikanische Staaten aus. In der Sahara machen neben der Trockenheit auch die enormen Temperaturschwankungen den Lebewesen zu schaffen: In manchen Gebieten liegt die Tagestemperatur durchschnittlich bei 45 °C, in der Nacht bei −20 °C.

1. Antarktis
2. Arktis
3. Sahara Afrika
4. Arabische Wüste
   Arabische Halbinsel
5. Gobi China
6. Kalahari Südafrika
7. Patagonische Wüste
   Argentinien
8. Große Victoria-Wüste
   Australien
9. Syrische Wüste
   Arabische Halbinsel
10. Großes Becken USA

Nichts als Eis

1.

Arktis und Antarktis sind die größten Wüsten auf der Erde. Die Vegetationslosigkeit ist dort eine Folge der andauernden Kälte, nicht der Trockenheit. Das unterscheidet die Eiswüsten von den anderen Wüstenformen.

Wüsten

Geschlossenes Wassersystem

Regen, der innerhalb des Großen Beckens fällt, sammelt sich nicht, um in einen Ozean zu fließen. Das Große Becken ist ein in sich geschlossenes Wassersystem. Das Wasser verdunstet entweder oder es fließt in die großen Salzseen.

10.

5.

Sturmreich

Die Wüste Gobi ist eine Steppenwüste: Sie besteht zu großen Teilen aus Felsen und Geröll. Im Winter kann das Thermometer auf −65 °C fallen, im Sommer steigt es manchmal auf bis 40 °C. Außerdem kommen hier häufig Schnee- und Sandstürme vor.

Webervogel

Vor etwa 10 000 bis 20 000 Jahren begann der Bewuchs der Sanddünen in der Kalahari. Es gibt Kameldorn- und Akazienbäume in der Wüste, sie bieten Webervögeln die Möglichkeit, ihre auffälligen Nester zu bauen: Die kleinen Vögel bauen riesige Gemeinschaftsnester.

6.

Wüste

Wüsten sind vegetationslose oder -arme Gegenden. Die Niederschlagsmenge liegt unter 250 mm pro Jahr. Man unterscheidet zwischen Küsten-, Binnen- und Wendekreiswüsten. Eine Ausnahme sind die Polaren Wüsten: Dort wächst nichts, weil dauerhaft sehr niedrige Temperaturen herrschen und die Erdoberfläche mit Eis bedeckt ist.

REGENREICHE

6. Steigungsregen

Der Milford Sound ist ein Fjord, umgeben von bis zu 1200 Meter hohen, steil abfallenden Felswänden. Dahinter liegen Berge. An ihnen sammeln sich Wolken und es kommt zu Steigungsregen (Abregnen von Wolken); fast 200 Tage im Jahr regnet es hier.

1. Spitzenreiter

Lloró in Kolumbien ist ein kleiner Ort und wahrscheinlich der regenreichste mit 13 300 Litern pro Quadratmeter im Jahr. Allerdings ist diese Menge nur ein Schätzwert.

1. Lloró Kolumbien
2. Mawsynram Indien
3. Mount Wai'ale'ale Hawaii
4. Yakushima Japan
5. Quibdó Kolumbien
6. Milford Sound Neuseeland
7. Gunung Mulu Borneo
8. Cherrapunji Indien
9. La Réunion
10. Marktschellenberg Deutschland

Regen ohne Ende!

Im Schnitt regnet es am 1569 Meter hohen Mount Wai'ale'ale auf Hawaii 335 Tage im Jahr. Der Nordostwind, der übers Meer fegt, schiebt die Wolken an diesen Berg, das einzige Hindernis weit und breit. Das Wasser kondensiert und regnet ab.

3.

Orte

Zauberwald

Japaner sagen, dass es auf Yakushima angeblich »35 Tage im Monat« regnet. Die Insel ist ein Naturparadies. Vor allen Dingen der verwunschene, unberührte Zedernwald hat es zu weltweiter Berühmtheit gebracht: Er diente Hayao Miyazaki als Vorbild für den Zauberwald in seinem berühmten Zeichentrickfilm »Prinzessin Mononoke«.

4.

Weltrekorde

An der Ostküste der Insel Réunion wurde 1952 innerhalb von 24 Stunden eine Niederschlagsmenge von 1870 Litern pro m² gemessen — absoluter Rekord für den kurzen Zeitraum. Und auch der Weltrekord einer Regenmenge innerhalb von drei Tagen wurde auf dieser Insel gemessen: 3929 Liter pro m².

9.

Regenreichster Ort in Deutschland

10.

Der Ort Marktschellenberg im Berchtesgadener Land gehört zu den niederschlagreichsten in ganz Deutschland. Im weltweiten Vergleich ist eine Niederschlagsmenge von 1955 Litern pro m² jährlich aber nur ein kleiner Tropfen in einem Regenschauer.

Regenarten

Es gibt verschiedene Arten von Regen: Nieselregen, Regen, Dauerregen oder Starkregen. Nieselregen hat die kleinsten Regentropfen. Starkregen wird auch Platzregen genannt, weil viel Regen in kurzer Zeit herunterkommt. Bei Dauerregen regnet es über längere Zeit, er wird so bezeichnet, wenn es mindestens sechs Stunden lang durchregnet.

Die SPANNENDSTEN

1.

Weit verzweigt

Die Mammut-Höhle im US-Bundesstaat Kentucky gilt als das weitverzweigteste Höhlensystem auf der Welt. Noch immer sind nicht alle Gänge erforscht. Das bisher kartierte Gangsystem hat eine beachtliche Länge von 627 Kilometern.

1. **Mammut-Höhle** USA

2. **Woronja-Höhle** Georgien

3. **Sistema Sac Actun** Mexiko

4. **Kazumura Cave** Hawaii

5. **Hang Son Doong** Vietnam

6. **Eisriesenwelt** Österreich

7. **Cathedral Caverns** USA

8. **Luray Caverns** USA

9. **Bracken Cave** Mexiko

10. **Good-Luck-Höhle** Malaysia

3.

Flusssystem

Das Sistema Sac Actun galt lange Zeit als zweitlängstes Unterwasserhöhlensystem, mittlerweile weiß man aber, dass es mit dem Sistema Dos Ojos verbunden ist. 311 Kilometer misst das unterirdische Flusssystem, damit ist es das längste bekannte.

Höhlen

Mit Campingplatz

5. Die Hang Son Doong ist Teil eines Höhlensystems, das ca. 150 Räume umfasst. Die Maße sind unglaublich: Sie ist 200 Meter hoch und 150 Meter breit. Nach einer zwei Tage dauernden Schiffstour erreicht man eine Nebenhöhle, die Hang En. In dieser Höhle gibt es einen Campingplatz!

Figuren aus Eis

Die Eisgebilde im Inneren der größten Eishöhle entstehen aus Schmelzwasser. Im Frühjahr dringt es durch Ritzen im Stein in die Höhle ein. Das Wasser läuft, bis es in den Bereich kommt, in dem das gesamte Jahr null Grad herrschen. Dort gefriert es und bildet beeindruckende Figuren.

6.

8.

Konzert auf Stein

Ein Lithophon ist ein Instrument, das ähnlich funktioniert wie ein Xylophon. Allerdings ist sein Klangkörper aus Stein, nicht aus Metall. In den Luray Caverns gibt es ein solches Instrument. In der Höhle werden auf Stalaktiten Konzerte gespielt.

Höhlenforscher

Den Beruf »Höhlenforscher« gibt es nicht. Meistens beschäftigt sich eine Gruppe von Wissenschaftlern mit den Höhlen, aus den unterschiedlichsten Gründen: Anthropologen, die sich mit der Geschichte der Menschheit befassen, Paläontologen, die die Geschichte der Lebewesen untersuchen, Geologen, die den Aufbau der Erde erforschen, und Archäologen, die sich für die Entwicklung der menschlichen Kultur interessieren.

Die STÄRKSTEN

2.

Karfreitags-Erdbeben

Am Karfreitag des Jahres 1964 bebte die Erde viereinhalb Minuten lang, in Alaska bei Anchorage. Die Stärke der Erdstöße wurde mit 9,2 auf der Richterskala angegeben. Vertikal und horizontal wurde dabei so viel Erdoberfläche verschoben, dass noch Wochen danach der gesamte Erdball erzitterte.

1. Chile
2. Alaska
3. Indonesien
4. Japan
5. Kamtschatka
6. Chile
7. Ecuador
8. Alaska
9. Tibet
10. Alaska

3. ## Tsunami

Um 7:59 Uhr bebte am 26.12.2004 ca. acht Minuten lang die Erde vor der Nordwestküste Sumatras. Das Beben hatte eine Stärke von 9,1 auf der Richterskala, eines der stärksten jemals gemessenen Beben. Dieses Beben löste einen Tsunami aus, der rund 230 000 Menschen das Leben kostete.

Erdbeben (letzte 120 Jahre)

Landverlust

Das Erdbeben von Valdivia ist das Beben mit der höchsten jemals gemessenen Magnitude auf der Richterskala mit einer Stärke von 9,5. Auch dieses Beben löste einen Tsunami aus. Es forderte über 1600 Menschenleben. Chile verliert 40 000 Hektar Weideland: Die Erde senkt sich teilweise bis zu drei Meter ab. Als Folge davon tritt Grundwasser aus und überflutet die abgesenkten Gebiete.

1.

Fukushima

4.

In Japan bebt die Erde immer wieder. Grund dafür: Mit einer Geschwindigkeit von ca. zehn Zentimeter pro Jahr schiebt sich die Pazifische Kontinentalplatte unter die Philippinische. Am 11.03.2011 verschoben sich die Platten aber um 30 bis 50 Meter. Das hatte schlimme Folgen: Es gab 16 000 Todesopfer, und in Fukushima wurde ein Atomkraftwerk so stark beschädigt, dass 170 000 Menschen evakuiert werden mussten.

Vulkanreich

5.

Kamtschatka ist eine Halbinsel ganz im äußersten Osten Russlands. Immer wieder bebt es in der vulkanreichen Gegend. Dort stoßen die Eurasische und die Pazifische Platte zusammen. Im Jahr 2013 ereignete sich ein Beben der Stärke 8,3, das man selbst im 7000 Kilometer entfernten Moskau spürte. Im Jahr 1952 zeigte die Richterskala sogar 9,0 an.

Wie entstehen Erdbeben?

Der Mantel um die Erde besteht aus mehreren Platten, die auf dem flüssigen Erdinneren schwimmen und sich aufeinander zu oder voneinander weg bewegen. Dort, wo die Platten zusammenstoßen, verhaken sie sich, und es kommt zu Spannungen, die sich mit einem Ruck, dem Beben, lösen.

Die MÄCHTIGSTEN

8.

Köstliches Heilkraut

Die Brennnessel wird in vielen verschiedenen Bereichen als Heilpflanze eingesetzt, u.a. bei Harnwegsinfektionen, Bluthochdruck und Haarausfall. Aber auch in Feinschmecker-Restaurants kommt sie in verschiedenen Variationen zum Einsatz: Brennnesseltarte, -risotto oder -spätzle.

1. Mariendistel *Silybum marianum*

2. Beifuß *Artemisia vulgaris*

3. Indischer Flohsamen *Plantago ovata*

4. Klette (Wurzel) *Arctium*

5. Bärentraube (Blätter) *Arctostaphylos uva-ursi*

6. Stechwinde (Wurzel) *Smilax*

7. Löwenzahn *Taraxacum*

8. Brennnessel *Urtica dioica*

9. Birke (Blätter) *Betula*

10. Artischocke (Blätter) *Cynara scolymus*

1. Leberschutzwirkung

Bei der Mariendistel werden die Früchte als Heilmittel verwendet. Sie enthalten Silymarin, das die Leber vor schädlichen Einflüssen schützen kann.

Heilkräuter

Unscheinbar

Der Beifuß wächst oft unscheinbar an Wegesrändern. Er ist bei vielen Arten von Beschwerden einsetzbar, vor allem beim Verdauungssystem oder bei Frauenleiden.

3.

Quellkraft

Die Schalen des Floh-samens enthalten Ballast-stoffe, die jede Menge Wasser aufnehmen können. Aufgrund dieser Quell-fähigkeit ist der Floh-samen gut geeignet gegen Verstopfung.

2.

Pusteblume

Die Heilkräfte des Löwenzahns sind schon lange bekannt, im Mittelalter setzte man ihn gegen die Gelbsucht ein. Außerdem hilft er u. a. auch bei Kopfschmerzen, Husten oder Appetitlosigkeit.

7.

Heilkräuter

Eine Pflanze wird zu den Heilpflanzen gerechnet, wenn sie zur Linderung von Gesundheitsproblemen beitragen kann. Heilpflanzen können bei den unterschiedlichsten Krankhei-ten helfen. Je nach Pflanze werden Blüte, Blätter, Früchte, Kraut, Rinde, Samen oder Wurzeln/Wurzelstock verwendet.

Die KÄLTESTEN

1.

Absoluter Rekord

Ein NASA-Satellit hat im August 2010 den absoluten Kälterekord in der Ostantarktis gemessen: –93,2 °C. Ohne Schutzanzug kann ein Mensch bei diesen Temperaturen nicht überleben. Atmen wäre kaum möglich. Selbst kochendes Wasser gefriert sofort, wenn es in die Luft gespritzt wird.

1. Ostantarktis

2. Wetterstation Wostok Antarktis

3. Amundsen-Scott-Südpolstation Antarktis

4. Oimjakon Russland

5. North Ice Grönland

6. Snag Kanada

7. Glattalp Schweiz

8. Karasjok Norwegen

9. Funtensee Deutschland

10. Eureka Kanada

4.

Eiskalte Siedlung

Im Nordosten Russlands liegt Oimjakon, eine kleine »Stadt« mit 500 Einwohnern. Im Schnitt hat es dort im Winter eine Temperatur von –50 °C. Damit ist dies der kälteste besiedelte Ort überhaupt.

Orte

See trotz der Kälte

Seit 1957 existiert die Wetterstation Wostok. Beim Bohren von Eiskernen entdeckte man, dass die Station an einem See liegt, der knapp 3800 Meter unter der Eisdecke versteckt ist. Das Wasser in diesem unberührten See ist mehrere Millionen Jahre alt. Warum es nicht gefriert, weiß man nicht.

2.

Manchmal auch warm

Die niedrigste bisher in Grönland gemessene Temperatur lag bei −65,9 °C. Im Schnitt ist es im Winter −24 °C kalt. Trotzdem kann in den Sommermonaten in den windgeschützten Fjorden die Temperatur manchmal auf über 20 °C steigen.

5.

Kältepunkt Deutschland

Der kälteste Ort Deutschlands liegt im Berchtesgadener Land auf einer Höhe von 1601 Metern. Am 24. Dezember 2001 wurden dort −45,9 °C gemessen. Die Lage des Sees in einer Doline, einer eingestürzten Höhle, begünstigt die Kälte. Kalte Luft sinkt immer ab.

9.

Kältepol

Auch bei der Messung der kältesten bisher bekannten Temperatur spielte, wie beim Funtensee, eine Bodensenke im Plateau der Ostantarktis eine Rolle: Die eiskalte arktische Luft sackte in die Senke und wurde dort noch einmal heruntergekühlt.

Die TROCKENSTEN

1.

Inmitten von Eis und Schnee

Auf dem Satellitenbild ist es gut zu erkennen: Inmitten der antarktischen Eisfläche gibt es Täler, die weder mit Eis noch Schnee bedeckt sind. Der trockene Boden liegt dort blank. Wie lange es in den McMurdo-Tälern nicht mehr geregnet hat, kann man nur schätzen: Wissenschaftler gehen von Jahrmillionen aus.

1. **Trockentäler** Antarktis

2. **Atacama-Wüste** Chile

3. **Rub al-Khali** Arabische Halbinsel

4. **Sahara** Afrika

5. **Karoo** Afrika

6. **Patagonische Wüste** Argentinien

7. **Tabernas-Wüste** Spanien

8. **Kalahari** Afrika

9. **Wüsten** Australien

10. **Gobi** Asien

3.

Sandwüste

Übersetzt bedeutet der Name der Rub al-Khali »Leeres Viertel«. 650 000 Quadratkilometer bedeckt die größte Sandwüste unserer Erde, das ist ein Viertel der Arabischen Halbinsel. Wegen des großen Wassermangels – es regnet nur 10 mm pro Jahr – ist sie kaum besiedelt, also »leer«.

Orte

Outback

Etwa 18 Prozent des australischen Kontinents sind von Wüsten bedeckt. Die größte unter ihnen ist die Große Victoria-Wüste. Daneben gibt es noch fünf weitere. Die Wüsten ziehen sich über verschiedene Klimazonen. Niederschlagsmengen von 150 bis 250 mm haben dazu geführt, dass diese Regionen kaum besiedelt sind und als »Outback« bezeichnet werden.

9.

7.

Filmkulisse

Auch in Europa gibt es eine große Wüste: Die Tabernas-Wüste liegt in Südspanien und umfasst 280 Quadratkilometer. Die außergewöhnliche Landschaft hat immer wieder berühmte Filmregisseure fasziniert. Die Western von Sergio Leone sind zum Beispiel dort entstanden. Gut fürs Filmemachen: Es regnet dort nur ca. 130 mm pro Jahr.

Sternenklare Nächte

Die Atacama-Wüste zieht sich in Südamerika entlang der Pazifikküste. Weil es dort so gut wie nie regnet — insgesamt nur 0,1 mm pro Jahr — gibt es im Schnitt 300 sternenklare Nächte. Nirgendwo sonst lassen sich die Sterne so gut beobachten.

2.

Wassermangel

Menschen, die schon einmal länger nichts trinken durften, sagen, dass Durst schlimmer ist als Schmerz. Menschen können Wasser nicht speichern und sind darauf angewiesen, dem Körper ständig Flüssigkeiten zuzuführen. Deshalb sind besonders trockene Regionen so gut wie gar nicht besiedelt: Der Mensch kann sich dem Wassermangel nicht anpassen.

LEBENDE Fossilien

5.

Seltsames Säugetier

Das Schnabeltier ist ein Säugetier, das Eier legt. Der schnabelartige Kiefer wirkt, als ob er an den behaarten Körper »angeklebt« wäre. Von diesem Tier gibt es Fossilien aus der Kreidezeit, die genauso aussehen wie die heutigen Schnabeltiere.

1. Perlboot
2. Brückenechse
3. Stör
4. Schildkröte
5. Schnabeltier
6. Seeigel
7. Pfeilschwanzkrebs
8. Quastenflosser
9. Hoatzin
10. Tapir

1.

Jahrmillionen

Perlboote sind Kopffüßer wie Kraken oder Kalmare. Sie unterscheiden sich von ihnen durch eine gewundene Kalkschale, die ihren Körper schützt. Seit Jahrmillionen haben sich diese Tiere nicht verändert und alle Umweltveränderungen in den Tiefen der Meere überdauert.

7.

Medizinischer Einsatz

Mit dem blauen Blut der Pfeilschwanz-
krebse kann man Keime in Impfstoffen
oder Infusionen nachweisen. Das Immun-
system der Krebse funktioniert so: Das
Blut gerinnt wie saure Milch, wenn es
mit den Keimen in Kontakt kommt. Vor
540 Millionen Jahren besiedelten enge
Verwandte schon die Erde.

Wiederentdeckt

Bis 1938 dachte man, dass die Quastenflosser vor ungefähr 65 Millionen Jahren ausgestorben sind. Dann
wurden in Fischernetzen in der Nähe
der südafrikanischen Küste Tiere
entdeckt, die eng verwandt mit den
fossilen Fischen sind.

8.

10.

Kurzer Rüssel

Die Abstammung des Tapirs kann
man über 55 Millionen Jahre
nachverfolgen. Er unterscheidet
sich kaum von seinen Vorfahren.
Auch sie hatten den kurzen Rüs-
sel, der einerseits zum Greifen
dient und andererseits ein empfindliches Geruchsorgan ist.

Fossilien

Die Frage, die sich bei all den lebenden Fossilien stellt,
ist: Warum haben sie sich im Laufe von Jahrmillionen nicht
verändert? Wahrscheinlich weil sie von Anbeginn an bestens
an ihre Lebensbedingungen angepasst waren und nichts an ihnen
»verbessert« werden konnte.

Die ÄLTESTEN

8.

1. **Jericho** Palästina
2. **Byblos** Libanon
3. **Aleppo** Syrien
4. **Damaskus** Syrien
5. **Susa** Iran
6. **Fayoum** Ägypten
7. **Sidon** Libanon
8. **Plovdiv** Bulgarien
9. **Gaziantep** Türkei
10. **Beirut** Libanon

Viele Namen

Plovdiv hatte im Laufe seiner Geschichte verschiedene Namen: Als die Thraker die Stadt gründeten, nannten sie sie Pulpuldeva. Die Griechen eroberten sie unter Phillipos, deshalb wurde sie zu Philippopolis. Weil sie auf drei Hügeln erbaut ist, nannten die Römer sie Trimontium, unter den Osmanen wurde sie Filibe genannt, bis sie im 15. Jahrhundert ihren heutigen Namen bekam.

2.

Holz und Papyrus

Der Name Byblos geht auf die Griechen zurück, die die Stadt besiedelten, und bedeutet »Buch« oder »Papier«. Es wurde tatsächlich von Byblos aus mit Papyrus gehandelt. Auch die Zedernbäume aus dem nahen Gebirge brachten der Stadt Reichtum. Die Pharaonen aus Ägypten brauchten das Holz für ihre Flotte und den Bau der Pyramiden.

bewohnten Städte

Pistazienhandel

Gaziantep lag an einer wichtigen Handelsstraße. Ihren Reichtum hatte die Stadt dem Pistazienhandel zu verdanken. Heute ist Gaziantep die sechstgrößte Stadt der Türkei und hat über eine Million Einwohner.

9.

Oase in der Wüste

Jericho war bereits 10 000 v. Chr. besiedelt. Das hat diese Oase in der Wüste Süßwasserquellen zu verdanken. Bei Ausgrabungen hat man viele Objekte aus der Frühzeit, dem Altertum und der Spätantike gefunden.

1.

Tor zum Westen

10.

Schon in der Antike war Beirut ein ganz wichtiger Knotenpunkt. Für die Händler aus dem Orient bot Beirut das Tor in den Westen. Die Schönheit dieser Stadt ist trotz ihrer wechselvollen Geschichte ungebrochen.

Welche ist es?

In Deutschland sind es drei Städte, die für den Titel »Älteste Stadt Deutschlands« infrage kommen: Trier, Worms und Kempten im Allgäu. Ihre Stadtgründungen gehen jeweils auf die Römer zurück. Die Frage wird wohl offen bleiben, da es schwer ist, einen ganz genauen Zeitpunkt festzulegen.

Die UNBEKANNTEN

1.

Nirgendwo sonst

Sokotra hat sich wahr-
scheinlich vor 20 Millionen
Jahren vom afrikanischen
Kontinent abgespalten.
Pflanzen und Tiere konnten
sich dort ungestört weiter-
entwickeln, deshalb exis-
tiert auf der Insel vieles,
was es sonst nirgends gibt:
30 Prozent der Pflanzen, 75
Prozent der Reptilien und
80 Prozent der Insekten
sind dort einmalig auf
der Erde.

1. **Sokotra-Inselgruppe** Jemen

2. **Guelb er Richat** Mauretanien

3. **Palauinseln**

4. **Schilfrohrflöten-Höhle** China

5. **Wulingyuan-Nationalpark** China

6. **Grand Prismatic Spring** USA

7. **Belize-Barrier-Riff** Belize

8. **Tsingy de Bemaraha** Madagaskar

9. **Vulkan Nabuyatom** Kenia

10. **Derweze** Turkmenistan

10.

Brennendes Loch

Entstanden ist das »Tor zur Hölle« durch Probebohrungen in
einem Erdgasfeld in der Karakum-Wüste. Seit 1971 brennt
das Gasfeuer dort schon und leuchtet in den Himmel.

Wunder

6. Thermalquelle

Grand Prismatic Spring ist die größte Thermalquelle der USA und weltweit betrachtet die drittgrößte. Sie ist fast 37 Meter tief. 2100 Liter und durchschnittlich 70 Grad heißes Wasser werden pro Minute ausgestoßen. Die bunten Farben an ihren Rändern stammen von Mikroorganismen, die das Wasser bevölkern. Ihre Farbigkeit hängt auch von der Außentemperatur ab.

»Palast der Natur«

Benannt ist die Schilfrohrflöten-Höhle nach dem Schilf, das am Eingang wächst, aus dem sich wohlklingende Flöten bauen lassen. Innen ist sie von Stalaktiten und Stalagmiten bevölkert, die wie Skulpturen aussehen. In China wird die Höhle auch »Palast der Natur« genannt.

4.

8. Bizarre Steinnadeln

»Tsingy« bedeutet übersetzt »Kalksteinnadel«. Bis zu 100 Meter hoch sind diese Nadeln, die vor 200 Millionen Jahren durch die Ablagerung von Meerestieren entstanden sind. Damals lag Madagaskar noch unter Wasser. Die Steinnadeln stehen teilweise so eng, dass Menschen sie nicht durchqueren können.

Naturschönheiten

Im Normalfall wird das Äußere des Planeten Erde von Naturgewalten wie Wind und Wasser geformt und Kräften, die im Inneren wirken. Wenn Menschen eingreifen, dann wird oft ein empfindliches Gleichgewicht gestört. Deshalb sind viele außergewöhnliche Naturschauspiele in Nationalparks geschützt.

NATURWUNDER in

1.

Transportweg

In früheren Jahrhunderten wurde durch die enge Klamm Holz transportiert. Je mehr Forststraßen gebaut wurden, desto unwichtiger war der Wasserweg als Transportkanal. 1991 entstand durch einen riesigen Felssturz ein kleiner natürlicher Stausee am Südende der Klamm.

1. **Partnachklamm** Garmisch-Partenkirchen

2. **Königssee** Berchtesgaden

3. **Zugspitze** Garmisch-Partenkirchen

4. **Merkurberg** Baden-Baden

5. **Elbsandsteingebirge** Sachsen

6. **Ellenbogen** Insel Sylt

7. **Breitachklamm** Oberstdorf

8. **Vogelfelsen** Helgoland

9. **Tegernsee** Bayern

10. **Saarschleife** Mettlach

5.

Formenvielfalt

Die besonders vielfältigen Felsformen haben das Elbsandsteingebirge so berühmt gemacht, denn mit besonderen Höhen kann es nicht aufwarten. Höchster Berg ist der Große Zschirnstein mit 561 Metern.

Deutschland

Kalter Gebirgssee

2. Der Königssee liegt über acht Kilometer lang-
gestreckt zwischen Felsen. Die weltberühmte
Wallfahrtskirche St. Bartholomä ist deshalb
auch nur mit einem Schiff erreichbar. Selbst
im Sommer bleibt der See kalt und erinnert
an einen nordischen Fjord.

Zehn Kilometer Umweg

Die Saarschleife bei Mettlach ist das
Wahrzeichen des Saarlandes. Sie liegt
im Dreiländereck Luxemburg, Frankreich, Deutschland und war bei Poli-
tikern ein beliebtes Hintergrundmo-
tiv, um sich fotografieren zu lassen.
Der »Umweg«, den der Fluss aufgrund
der Schleife fließt, ist fast zehn
Kilometer lang.

10.

8.

Vogelfelsen

Helgoland liegt 70 Kilometer von der Küste
entfernt und ist Deutschlands einzige Hoch-
seeinsel. Außerdem besitzt sie auch Deutschlands einzigen Vogelfelsen, den Helgoländer Lum-
menfelsen. Hier kann man bis zu 5000 Vogelpaare
beobachten.

Natur-Weltwunder

Die neuen sieben Naturwunder der Welt wurden am 11.11.2011 gewählt, und
zwar konnte jeder per Internet, Telefon und SMS mitentscheiden. »Gewonnen«
hat: Bucht von Halong in Vietnam, Komodo, eine indonesische Insel, St. Paul's
River auf den Philippinen, Vulkaninsel Jeju-do in Südkorea, Iguazú-Wasserfälle
(Brasilien/Argentinien), der Amazonas, der Tafelberg in Kapstadt, Südafrika.

Die GRÖSSTEN

1.

1. Wüste
2. Tropischer Regenwald
3. Eis
4. Tropische Savanne
5. Kulturlandschaft
6. Borealer Nadelwald
7. Gemäßigte Wälder
8. Grasländer
9. Mediterrane Hartlaubzone
10. Tundra

Anpassungsfähig

Unter Wüste stellt man sich einen lebensfeindlichen und leeren Raum vor. Doch auch in Wüsten gibt es vielfältiges Leben. Tiere und Pflanzen haben sich den Bedingungen angepasst und kommen mit sehr wenig Wasser aus. Ein ganz bekanntes Beispiel ist das Kamel, das dank seiner Fähigkeit, Wasser zu speichern, Phasen ohne Wasser überbrücken kann.

2.

Bedrohter Lebensraum

Die tropischen Regenwälder liegen entlang des Äquators. Wissenschaftler schätzen, dass in diesem Lebensraum ca. 70 Prozent aller Tier- und Pflanzenarten leben. Trotzdem ist der Regenwald von großflächigen Abholzungen bedroht.

Lebensräume (Festland)

Vom Menschen geschaffen

Obwohl die Kulturlandschaft vom Menschen geschaffen ist, leben viele Wildtiere darin, wie Rehe, Füchse, Wildschweine und Hasen. Allerdings kommt es immer wieder zu Konflikten mit den Interessen der Menschen, z. B. dann, wenn eine Rotte Wildschweine ganze Äcker verwüstet, was zu finanziellen Einbußen bei den Bauern führt.

5.

Eiskalt und belebt

Wie anpassungsfähig Lebewesen sind, zeigt sich auch in den Eisgebieten. In den Gewässern der Polargebiete gibt es Fische, die Temperaturen bis −1,9 Grad unbeschadet überstehen, dank einer Art Frostschutzmittel im Blut. Die Bildung von Eisklumpen wird damit ausgeschlossen, das Blut gefriert nicht.

3.

Nadelwald

Die Vegetationsperiode in den borealen Nadelwäldern ist sehr kurz. Vor allem Fichten und Lärchen wachsen in diesen Wäldern gut: Sie wurzeln flach. Das hilft ihnen, weil der Boden meist nicht länger als zwei Monate und nicht tiefer als einen Meter auftaut.

6.

Biom

Die genannten Lebensräume beziehen sich nur auf das Festland. Ein Lebensraum zeichnet sich immer durch eine ähnliche Tier- und Pflanzenwelt und durch ähnliche klimatische Bedingungen aus. Man nennt sie auch Biome. All die Festlandbiome zusammengenommen, ergeben nur 29 Prozent der Erdoberfläche, 71 Prozent sind von Wasser bedeckt.

Die TIEFSTEN

1.

Starker Auftrieb

Das Tote Meer ist auf dem Festland der am niedrigsten gelegene Ort: 420 Meter unter dem Meeresspiegel. Das sogenannte Meer ist eigentlich ein See mit einem Salzgehalt von 28 bis 33 Prozent. Watet man in das Wasser hinein, bekommt man so einen Auftrieb, dass man einfach umkippt.

1. **Totes Meer** Vorderasien
2. **Jericho** Westjordanland
3. **See Genezareth** Israel
4. **Turpan-Senke** China
5. **Assalsee** Dschibuti
6. **Qattara-Senke** Ägypten
7. **Laguna del Carbón** Argentinien
8. **Dallol** Äthiopien
9. **Bad Water Bassin** USA
10. **Salton Sea** USA

Am salzigsten

5. Der Assalsee liegt nicht nur 153 Meter unter Normalnull, sondern er ist auch der salzigste See auf der Erde, mit 35 Prozent Salzgehalt. Damit ist er zehnmal so salzig wie das Mittelmeer.

Orte an Land

Raues Klima

Das Klima in der Turpan-Senke ist rau: Die Sommer sind sehr heiß, die Winter kalt, und im Schnitt regnet es 16 mm auf den Quadratmeter pro Jahr. Durch den 155 Meter unter Normalnull gelegenen Talkessel fegen heftige Winde, dennoch ist diese Senke seit dem 1. Jahrtausend v. Chr. bewohnt.

4.

Sterbender Riese

Der Salton Sea liegt 69 Meter unter Normalnull. Er ist der größte See Kaliforniens und zu trauriger Berühmtheit gelangt: Der See »kippt«. Sein Ökosystem ist durch verschiedene Faktoren so sehr durcheinandergeraten, dass es bereits zu einem Fisch- und Vogelsterben gekommen ist.

10.

Trinkwasser

Der See Genezareth ist mit 212 Metern unter Normalnull der tiefstgelegene Süßwassersee. Sein wichtigster Zufluss ist der Jordan. Der See hat heute als Trinkwasserreservoir eine große Bedeutung für das Land Israel.

3.

Tiefster Punkt Deutschlands

Die tiefste Stelle Deutschlands liegt in der Gemeinde Neuendorf-Sachsenbande in Schleswig-Holstein mit 3,54 Metern unter Normalnull.

Die DRECKIGSTEN

9.

1. **Tschernobyl** Ukraine
2. **Dserschinsk** Russland
3. **Bajos de Haina** Dominikanische Republik
4. **Kabwe** Sambia
5. **La Oroya** Peru
6. **Linfen** China
7. **Mailuu-Suu** Kirgisistan
8. **Norilsk** Russland
9. **Ranipet** Indien
10. **Rudnaya Pristan** Russland

Verseuchtes Wasser

In Ranipet gibt es eine Fabrik, die Chemikalien zum Gerben von Leder herstellt. Die Überreste der Produktion wurden auf einem zwei Hektar großen Gelände über Jahre gestapelt. Nun ist das Grundwasser komplett verseucht. Wässern Bauern ihre Felder, bekommen sie eiternde Wunden.

Illegaler Kohlebergbau

6.

Linfen ist bekannt für den Kohlebergbau. Es gibt in der Gegend viele illegale Minen, Stahlfabriken und Teerraffinerien. Alle verbrauchen Unmengen Wasser und leiten es ungeklärt wieder in die Flüsse. Außerdem verpesten verschiedene Chemikalien die Luft.

Orte

Bergbauzentrum

La Oroya ist seit 1902 das peruanische Bergbauzentrum. Blei, Kupfer, Zink und Silber werden dort geschürft. Das hat Boden und Luft im Laufe der Zeit so verschmutzt, dass Kinder ein Vielfaches der Grenzwerte für Blei im Blut haben.

5.

Urlaubsparadies

Die Dominikanische Republik ist als Urlaubsparadies bekannt. Doch auch in diesem Paradies gibt es Probleme. Eine Fabrik nahe der Hafenstadt Bajos de Haina stellte Autobatterien her. Die Produktion hat den Boden mit Blei verseucht und bei den Menschen zu unterschiedlichen Krankheiten geführt.

3.

Radioaktive Strahlung

Am 26. April 1986 explodierte im Atomkraftwerk Tschernobyl der Reaktor des Blocks 4. Die freigesetzte radioaktive Strahlung betrug das Hundertfache einer Atombombe. Bis heute ist das Gebiet in einem Umkreis von über 30 Kilometern rund um den Reaktor unbewohnbar.

1.

Umweltverschmutzung

Wird die Umwelt verschmutzt, belastet das die Ökosysteme oder zerstört sie sogar. Einer Studie der Weltgesundheitsorganisation zurfolge starben 2012 ca. 12,6 Millionen Menschen an Krankheiten, die durch Umweltbelastungen ausgelöst wurden.

Die TIEFSTEN

1. **Kali-Gandaki-Tal** Nepal
2. **Colca Canyon** Peru
3. **Grand Canyon** USA
4. **Taraschlucht** Montenegro
5. **Massaschlucht** Schweiz
6. **Samariaschlucht** Griechenland
7. **Qutangschlucht** China
8. **Vikosschlucht** Griechenland
9. **Verdonschlucht** Frankreich
10. **Sierra de Guara** Spanien

Himalaja

Kali Gandaki heißt der Fluss, der zwischen zwei Achttausendern, dem Annapurna und dem Dhaulagiri, die tiefste Schlucht der Erde gegraben hat. Bis zu 5000 Meter fallen die steilen Felswände ab: Der Hauptkamm des Himalaja wird an dieser Stelle vom Tal des Flusses durchtrennt.

Uralt

Wissenschaftler haben Calciumcarbonat-Ablagerungen an Höhlen im ca. 1800 Meter tiefen Grand Canyon untersucht und daraus Schlüsse auf den Beginn seiner Entstehung gezogen. Wahrscheinlich hat diese weltbekannte Schlucht ihren Ursprung vor 17 Millionen Jahren.

Schluchten

4.

Europarekordhalter

Die Taraschlucht ist die tiefste Schlucht Europas. Sie ist ca. 80 Kilometer lang und gräbt sich an manchen Stellen 1300 Meter tief ein. Bis zu 60 Meter hohe Wasserfälle stürzen in die Schlucht hinab.

9.

Naturerlebnis

Der Fluss Verdon entspringt in über 2000 Metern Höhe in den französischen Alpen bei Sestrière. Über Jahrtausende hat sich der Fluss auf seinem Weg durch die Alpen bis zu 700 Meter tief eingegraben. Erst 1905 gelang es dem Höhlenforscher Martel, die Schlucht zu erkunden, bis dahin lag sie unberührt in der Tiefe.

König der Lüfte

3269 Meter tief ist der Colca Canyon, doch nicht nur dafür ist er berühmt: In den Höhlen an seinen Steilwänden nistet der Nationalvogel Perus, der Andenkondor, ein Vogel mit einer Flügelspannweite von bis zu drei Metern.

2.

Schluchten

In welcher Form sich Flüsse in das Erdreich eingraben, wird von verschiedenen Faktoren beeinflusst: Wie reißend fließt das Wasser, wie viel Gesteinsmaterial transportiert der Fluss, wie hart oder weich ist das Gestein, durch das sich der Fluss arbeitet.

Die GRÖSSTEN

1.

1. **Grönland** Dänemark
2. **Neuguinea** Indonesien
3. **Borneo** Südostasien
4. **Madagaskar**
5. **Baffininsel** Kanada
6. **Sumatra** Indonesien
7. **Honshū** Japan
8. **Viktorialand** Antarktis
9. **Großbritannien**
10. **Ellesmere Island** Kanada

Erik der Rote

Grönland ist mit 2 130 800 km² die größte Insel unserer Erde. Besiedelt wurde sie bereits 985 n. Chr. Erik der Rote, der während seiner Verbannung auf Grönland war, überredete 500 Männer und Frauen aus Island, ihm in das »grüne Land« zu folgen. Zwei Siedlungen wurden gebaut, die Ost- und die Westsiedlung, die heute Qassiarsuk und Nuuk heißen.

Bedrohter Regenwald

Borneo hat ein Fläche von 743 330 km². Auf der Insel gibt es die letzten großen Regenwälder Südostasiens. Sie sind Heimat der Orang-Utans. Allerdings ist der Lebensraum der Tiere durch Abholzung für Palmöl und die Holzindustrie bedroht. Außerdem gibt es immer noch Wilderer, die Orang-Utan-Babys zu Waisen machen.

3.

Inseln

Dünn besiedelt

Die 196 236 km² große Insel Ellesmere Island ist nur durch einen 30 Kilometer breiten Kanal, den Kennedy-Kanal, von Grönland getrennt. Keine zweihundert Menschen leben auf dieser Insel, von der weite Teile unter ewigem Eis liegen.

7.

10.

Größte Insel Japans

227 962 km² Fläche hat Honshū und ist damit die größte Insel Japans – weltweit die siebtgrößte. Auch der höchste Berg Japans befindet sich auf Honshū. Es ist der Fuji mit 3776 Metern.

Europa

Die größte europäische Insel ist Großbritannien. Die Insellage hat die Briten schon sehr früh zu guten Seefahrern gemacht. Bis heute gelten britische Yachtkapitäne als die besten.

9.

Definition Insel

Warum wird Grönland, die größte Insel der Welt, als Insel bezeichnet, Australien ist dagegen schon ein Kontinent? Australien liegt mit Neuseeland und Tasmanien auf einer eigenen Kontinentalplatte. Betrachtet man die Kontinentalplatten, dann ist Grönland ein Teil Nordamerikas.

Die GRÖSSTEN

1.

Artenvielfalt

Die Ausdehnung des Great Barrier Reef ist so enorm, dass man es selbst auf Satelliten-aufnahmen erkennen kann. In diesem riesigen Korallenriff leben 1500 Fischarten, ca. 4000 Weichtierarten und 133 verschiedene Hai- und Rochenarten.

2.

1. Great Barrier Reef
2. Rotes Meer Korallenriff
3. Neukaledonisches Barrier Reef
4. Mesoamerican Barrier Reef
5. Florida Reef
6. Andros Barrier Reef
7. Apo Reef
8. Saya de Malha Bank
9. Great Chagos Bank
10. Paracel-Inseln

Hohe Wassertemperatur

Das Korallenriff im Roten Meer besteht aus 250 verschiedenen Korallenarten. Ca. 20 davon kommen nur dort vor. Der besondere Artenreichtum im Roten Meer geht auf die relativ hohe Wassertemperatur zurück. Sie begünstigt auch das Wachstum der Algen.

Korallenriffe

Einziges Riff der USA

5.

Das Florida Reef ist das einzige lebende Korallenriff der kontinentalen USA. Es ist ca. sechs Kilometer breit und 240 Kilometer lang und erstreckt sich von der Ostküste Floridas bis zum Dry-Tortugas-Nationalpark (Foto) im Golf von Mexiko.

6.

Blaue Löcher

Andros ist die größte Insel der Bahamas, davor liegt das gleichnamige Riff. Dort findet man auch die »Blue Holes«, blaue Löcher. Das sind tiefe Löcher im Meeresboden, die am Ende der letzten Eiszeit entstanden. Sie stehen über ein kompliziertes Gangsystem mit den Höhlen auf der Insel in Verbindung.

Meerespark

3.

Um das einzigartige Korallenriff Neukaledoniens zu schützen, wurde ein Meeresschutzgebiet eingerichtet, das dreimal größer ist als Deutschland. Das Riff liegt ca. 3000 km südöstlich von Australien und ist in seiner Vielfältigkeit einzigartig.

Korallenbleiche

Korallen leben in Symbiose mit Algen. Die Algen versorgen die Korallen mit Zucker, nur so können sie überleben. Steigt die Wassertemperatur, dann stoßen die Korallen ihre Algen ab und sterben. Zurück bleiben ihre weißen Kalkskelette. Von der Algenbleiche sind alle Riffe bedroht, insbesondere das Great Barrier Reef.

Die GRÖSSTEN

10.

Klippschliefer

Etwa 85 Prozent der 2 381 741 km² Algeriens nimmt die Wüste Sahara ein, die kaum besiedelt ist. Im Geröll der Wüste lebt ein ganz besonderes Tier: der Klippschliefer. Er hat Ähnlichkeit mit einem Kaninchen. Über seine Zellen haben Forscher aber herausgefunden, dass er mit Elefanten und Seekühen verwandt ist.

1. Russland
2. Kanada
3. USA
4. China
5. Brasilien
6. Australien
7. Indien
8. Argentinien
9. Kasachstan
10. Algerien

Zwei Kontinente

1.

Russland, mit 17 098 242 km² das größte Land der Erde, liegt auf zwei Kontinenten, Asien und Europa. Drei Viertel seiner Bevölkerung leben auf dem europäischen Kontinent, obwohl der asiatische drei Viertel seiner Fläche ausmacht.

Länder

Viele Rinder

Indien mit einer Fläche von 3 287 263 km² ist nicht nur sehr groß, es hält auch noch einen anderen Rekord: Es ist das Land, in dem die meisten Rinder leben. Wobei die Tiere nicht zum Verzehr gehalten werden, denn viele Bevölkerungsgruppen in Indien ernähren sich vegetarisch und die Kuh gilt als heiliges Tier.

7.

5.

Regenwald

Der Regenwald bedeckt 50 Prozent der 8 514 877 km² Brasiliens. Leider werden diese Wälder immer noch in großem Maße abgeholzt. Weltweit wird alle zwei Minuten die Fläche von 35 Fußballfeldern vernichtet.

Eisschild schmilzt

Große Teile Kanadas sind von Eis bedeckt. Aufgrund des Klimawandels wird diese Fläche aber immer kleiner. Im Jahr gehen dem Eisschild über 200 km² verloren. Insgesamt hat Kanada eine Fläche von 9 984 670 km².

2.

Verteilung

Die Verteilung der Menschen auf großen Flächen eines Landes ist immer sehr unterschiedlich, es gibt fast menschenleere Regionen und Ballungszentren. Der Weltrekord, was Bevölkerungsdichte anbelangt, wurde in einem mittlerweile abgerissenen Stadtteil Hongkongs aufgestellt: In Kowloon Walled City auf 0,026 km² lebten 33 000 Bewohner; umgerechnet auf einen km², wären das 1 300 000 Bewohner.

Die LÄNGSTEN

1.

1. **Anden** Südamerika

2. **Rocky Mountains** Nordamerika

3. **Himalaja/Karakorum** Asien

4. **Great Dividing Range** Australien

5. **Transantarktisches Gebirge** Antarktika

6. **Brasilianisches Bergland** Südamerika

7. **Kunlun-Gebirge** Asien

8. **Sumatra-Java-Kette** Asien

9. **Tian-Shan-Gebirge** Asien

10. **Ural** Russland

Zwei Hauptketten

Über 7000 Kilometer und sieben Länder ziehen sich die Anden von Venezuela bis Feuerland. Damit sind sie über Wasser das längste Gebirge. Die Anden bestehen aus zwei Hauptketten, deren höchster Berg mit 6962 Metern der Aconcagua ist.

Bodenschätze

Der Ural ist Teil der natürlichen Grenze zwischen dem europäischen und dem asiatischen Teil Russlands. Dieses 2400 Kilometer lange Gebirge ist voller Bodenschätze: Abgebaut werden Eisen, Platin und verschiedene Halbedel- und Edelsteine.

10.

Gebirgsketten

Viele Vulkane

Vulkane sind die Berge, die das Bild in der Sumatra-Java-Kette bestimmen. Immer wieder kommt es zu heftigen Ausbrüchen mit verheerenden Folgen: 1816 wird als das »Jahr ohne Sommer« bezeichnet. Durch einen Vulkanausbruch in der Nähe Sumatras veränderte sich das Klima auf der gesamten nördlichen Erdhalbkugel.

Keine Gipfelstürmer

Der chinesische Name Tian Shan bedeutet »Himmlische Berge«. Viele Gipfel wurden noch nicht bestiegen. 2500 Kilometer misst das Gebirge, an dessen Südseiten die Seidenstraße entlangführt.

Lang und flach

Das Brasilianische Bergland ist ein 3000 Kilometer langes, aber flaches Gebirge. Die meisten Gipfel schaffen es nicht über 1000 Meter. Da ragt der Pico da Bandeira, der höchste Gipfel, mit seinen 2892 Metern direkt heraus.

Unter Wasser

Es gibt ein Gebirge, das mehr als doppelt so lang wie die Anden ist, 16 000 Kilometer. Es liegt fast vollständig unter Wasser und heißt »Mittelatlantischer Rücken«. Dieses Gebirge zieht sich von der Südspitze Südamerikas bis nach Grönland. Einige wenige Gipfel kann man sehen: Es sind die Inseln Island und die Azoren.

Zahlen & Fakten

Die tiefsten Seen (Seite 16)

1. Baikalsee — 1642 m
2. Tanganjikasee — 1470 m
3. Wostoksee — 1200 m
4. Kaspisches Meer — 1025 m
5. San Martinsee — 836 m
6. Malawisee — 706 m
7. Yssykköl — 702 m
8. Großer Sklavensee — 614 m
9. Crater Lake — 594 m
10. Matanosee — 590 m

Die längsten Flüsse (Seite 18)

1. Nil — 6852 km
2. Amazonas — 6448 km
3. Jangtsekiang — 6380 km
4. Gelber Fluss — 4845 km
5. Mekong — 4350 km
6. Kongo — 4347 km
7. Mississippi — 3778 km
8. Ob — 3650 km
9. Jenissei — 3487 km
10. Amur — 2824 km

Die höchsten Berge (Seite 20)

1. Mount Everest — 8848 m
2. K2 — 8611 m
3. Kangchendzönga — 8586 m
4. Lhotse — 8516 m
5. Makalu — 8485 m
6. Cho Oyu — 8188 m
7. Dhaulagiri — 8167 m
8. Manaslu — 8163 m
9. Nanga Parbat — 8125 m
10. Annapurna I — 8091 m

Die Kleinsten Staaten (Seite 22)

1. Vatikanstadt — 0,44 km²
2. Monaco — 2,02 km²
3. Nauru — 21,3 km²
4. Tuvalu — 26,0 km²
5. San Marino — 61,0 km²
6. Liechtenstein — 160,0 km²
7. Marshallinseln — 181,3 km²
8. St. Kitts und Nevis — 269,0 km²
9. Malediven — 298,0 km²
10. Malta — 316,0 km²

Die höchsten Wasserfälle (Seite 28)

1. Salto Ángel — 979 m
2. Tugela Falls — 948 m
3. Yumbilla — 870 m
4. Gocta — 771 m
5. Yosemite Falls — 739 m
6. Mardalsfossen — 645 m
7. Cascade Blanche — 640 m
8. Langfossen — 612 m
9. Salto Kukenan — 610 m
10. Seerenbachfälle — 585 m

(Alle Angaben Circawerte)

Die heißesten Orte der Welt

(Seite 32)

1. Dasht-e Lut — 70,7 °C
2. Outback — 68,0 °C
3. Dallol — 60,0 °C
4. Al Aziziyah — 57,8 °C
5. Death Valley — 56,7 °C
6. Rub al-Khali — 56,0 °C
7. Kebili — 55,0 °C
8. Timbuktu — 54,0 °C
9. Phalodi — 51,0 °C
10. Tian-Shan-Gebirge — 50,0 °C

Die kältesten Hauptstädte

(Seite 34)

1. Astana — -52,0 °C
2. Minsk — -40,0 °C
3. Helsinki — -34,0 °C
4. Ottawa — -30,0 °C
5. Vilnius — -30,0 °C
6. Tallinn — -30,0 °C
7. Warschau — -29,0 °C
8. Nuuk — -28,0 °C
9. Ulan Bator — -25,0 °C
10. Bukarest — -19,0 °C

Die größten Wüsten (Seite 38)

1. Antarktis — 14 000 000 km²
2. Arktis — 13 400 000 km²
3. Sahara — 9 100 000 km²
4. Arabische Wüste — 2 330 000 km²
5. Gobi — 1 300 000 km²
6. Kalahari — 900 000 km²
7. Patagonische Wüste — 670 000 km²
8. Große Victoria-Wüste — 647 000 km²
9. Syrische Wüste — 520 000 km²
10. Großes Becken — 492 000 km²

Regenreiche Orte (Seite 40)

1. Lloró — 13 300 l/m² pro Jahr
2. Mawsynram — 11 872 l/m² pro Jahr
3. Mount Wai'ale'ale — 11 648 l/m² pro Jahr
4. Yakushima — 10 000 l/m² pro Jahr
5. Quibdó — 9000 l/m² pro Jahr
6. Milford Sound — 8000 l/m² pro Jahr
7. Gunung Mulu — 5000 l/m² pro Jahr
8. Cherrapunji — 22 600 l/m² im Jahr 1861
9. La Réunion — 1870 l/m² in 24 Stunden
10. Marktschellenberg — 1955 l/m² pro Jahr

Die stärksten Erdbeben (Seite 44)

1. Chile — Stärke 9,5
2. Alaska — Stärke 9,2
3. Indonesien — Stärke 9,1
4. Japan — Stärke 9,0
5. Kamtschatka — Stärke 9,0
6. Chile — Stärke 8,8
7. Ecuador — Stärke 8,8
8. Alaska — Stärke 8,7
9. Tibet — Stärke 8,6
10. Alaska — Stärke 8,6

Zahlen & Fakten

Die Kältesten Orte

(Seite 48)

1. Ostantarktis — -93,2 °C
2. Wetterstation Wostok — -89,2 °C
3. Amundsen-Scott-Südpolstation — -82,8 °C
4. Oimjakon — -71,2 °C
5. North Ice — -65,9 °C
6. Snag — -63,0 °C
7. Glattalp — -52,5 °C
8. Karasjok — -51,4 °C
9. Funtensee — -45,9 °C
10. Eureka — -40,0 °C

Die trockensten Orte

(Seite 50)

1. Trockentäler Antarktis — 0,0 mm/Jahr
2. Atacama-Wüste — 0,1 mm/Jahr
3. Rub al-Khali — 10 mm/Jahr
4. Sahara — 25-45 mm/Jahr
5. Karoo — 80 mm/Jahr
6. Patagonische Wüste — 100 mm/Jahr
7. Tabernas-Wüste — 130 mm/Jahr
8. Kalahari — 150-200 mm/Jahr
9. Wüsten Australiens — 150-250 mm/Jahr
10. Gobi — 200 mm/Jahr

Die größten Lebensräume (Festland)

(Seite 60)

1. Wüste — 19,5 %
2. Tropischer Regenwald — 17,0 %
3. Eis — 11,0 %
4. Tropische Savanne — 10,0 %
5. Kulturlandschaft — 9,5 %
6. Borealer Nadelwald — 8,5 %
7. Gemäßigte Wälder — 7,0 %
8. Grasländer — 6,0 %
9. Mediterrane Hartlaubzone — 6,0 %
10. Tundra — 5,0 %

Die tiefsten Orte an Land

(Seite 62)

1. Toten Meeres — 420 m unter NN
2. Jericho — 250 m unter NN
3. See Genezareth — 212 m unter NN
4. Turpan-Senke — 155 m unter NN
5. Assalsee — 153 m unter NN
6. Qattara-Senke — 133 m unter NN
7. Laguna del Carbón — 105 m unter NN
8. Dallol — 90,0 m unter NN
9. Bad Water Bassin — 85,5 m unter NN
10. Salton Sea — 69,0 m unter NN

Die tiefsten Schluchten

(Seite 66)

1. Kali-Gandaki-Tal   5000 m
2. Colca Canyon   3269 m
3. Grand Canyon   1800 m
4. Taraschlucht   1300 m
5. Massaschlucht   1300 m
6. Samariaschlucht   1250 m
7. Qutangschlucht   1200 m
8. Vikosschlucht   1000 m
9. Verdonschlucht   700 m
10. Sierra de Guara   600 m

Die größten Inseln

(Seite 68)

1. Grönland   2 130 800 km²
2. Neuguinea   785 753 km²
3. Borneo   743 330 km²
4. Madagaskar   586 427 km²
5. Baffininsel   507 451 km²
6. Sumatra   443 066 km²
7. Honshū   227 962 km²
8. Viktorialand   217 291 km²
9. Großbritannien   216 777 km²
10. Ellesmere-Island   196 236 km²

Die größten Korallenriffe (Seite 70)

1. Great Barrier Reef   2900 km lang
2. Rotes Meer Korallenriff   1900 km lang
3. Neukaledonisches Barrier Reef   1500 km lang
4. Mesoamerican Barrier Reef   940 km lang
5. Florida Reef   240 km lang
6. Andros Barrier Reef   210 km lang
7. Apo Reef   unbekannt
8. Saya de Malha Bank   unbekannt
9. Great Chagos Bank   unbekannt
10. Paracel-Inseln   80 km lang

Die größten Länder (Seite 72)

1. Russland   17 098 242 km²
2. Kanada   9 984 670 km²
3. USA   9 826 675 km²
4. China   9 596 960 km²
5. Brasilien   8 514 877 km²
6. Australien   7 741 220 km²
7. Indien   3 287 263 km²
8. Argentinien   2 780 400 km²
9. Kasachstan   2 724 900 km²
10. Algerien   2 381 741 km²

Die längsten Gebirgsketten (Seite 74)

1. Anden   7000 km
2. Rocky Mountains   5000 km
3. Himalaja/Karakorum   3700 km
4. Great Dividing Range   3500 km
5. Transantarktisches Gebirge   3500 km
6. Brasilianisches Bergland   3000 km
7. Kunlun-Gebirge   3000 km
8. Sumatra-Java-Kette   2700 km
9. Tian-Shan-Gebirge   2500 km
10. Ural   2400 km

Bildnachweis

© 2017 arsEdition GmbH, Friedrichstraße 9, 80801 München
Alle Rechte vorbehalten
Text: Annette Maas
Satz: Angelika Schön

ISBN 978-3-8458-2070-5

www.arsedition.de

MIX
Papier aus verantwor-
tungsvollen Quellen
FSC® C020056
FSC
www.fsc.org